Null Bock, aber Hunger

Einfache Gerichte, auf die man Lust hat

Null Bock, aber Hunger

Einfache Gerichte, auf die man Lust hat

EDITION XXL

Vorwort

Endlich zu Hause, die Beine ausstrecken und es sich gemütlich machen!
Wenn da nur nicht der große Hunger wäre. Aber kochen – so was Blödes.
Einkaufen, vorbereiten und am Herd stehen – ich wüsste Dinge, die ich lieber täte.
So ist das fast jeden Tag.

Wie können Sie diesen Teufelskreis durchbrechen?
Essen gehen? Aber das kostet auf Dauer gesehen eine Menge Geld und schmecken tut's
auch nicht immer.

Also, doch lieber selbst kochen: dann aber schnell und einfach!

Mit diesem Buch lässt sich das Problem zwar nicht ganz aus der Welt schaffen, aber es
kann Ihnen helfen, die Sache zu vereinfachen. Mit schnellen und einfachen Gerichten, die
nicht länger als 15 Minuten dauern, die meisten sogar weniger. Gerichte, die gut
schmecken, aber auch Ihrem Anspruch auf gesunde Ernährung gerecht werden.
Mit anderen Worten: Essen – einfach, schnell und gesund.

Geben Sie sich einen Stoß und fangen Sie an: ein paar Minuten und ein leckeres Gericht
steht vor Ihnen. Und wenn dann noch jemand mit Ihnen isst, macht das Ganze auch noch
Spaß.

In diesem Sinne ...

G. Poggenpohl

Haushalts-Organisation

Das Wichtigste ist die gute Organisation Ihres Haushaltes. Nur dann kriegen Sie das Problem „Null Bock – aber Hunger" in den Griff .

Viele Produkte kann man auf Vorrat kaufen und über einen längeren Zeitraum lagern. Frische Sachen können Sie auf dem Weg von der Arbeit nach Hause kaufen. Eine vernünftige Vorratshaltung ist das A und O; z. B. verschiedene Sorten von Nudeln, Reis oder Kartoffelzubereitungen – auch davon gibt es für jeden Geschmack das Richtige.

Das Tüpfelchen auf dem „i" sind die richtigen Kräuter und Gewürze. Diese sollten Sie möglichst erst kurz vor dem Würzen fein hacken oder mahlen, so behalten sie ihr Aroma. Zur Geschmacksverbesserung sind die im Handel erhältlichen gekörnten Brühen ideal; sie lassen sich sehr schnell zur Herstellung von Suppen oder auch zur geschmacklichen Verbesserung von Saucen verwenden.

Jetzt brauchen Sie nur noch die frischen Zutaten für Ihr Essen einzukaufen.

Auch die richtige Grundausstattung in Ihrer Küche ist wichtig. Hier eine Aufzählung der Dinge, die Ihnen helfen, Zeit zu sparen. Sie benötigen
- einen Kühlschrank und eine Tiefkühlzelle (Tiefkühltruhe, Tiefkühlschrank oder eine Kombination aus Kühlschrank und Tiefkühler),
- gutes Küchenwerkzeug,
- scharfe Messer,
- Töpfe mit gut schließenden Deckeln,
- verschiedene Pfannen,
- einen Pürierstab mit Zerkleinerungsaufsatz,
- einen Küchenhobel mit unterschiedlichen Schneideinsätzen und natürlich einen leistungs- fähigen Herd und eventuell noch eine Mikrowelle.

Wenn Sie so ausgerüstet sind, dann ist Kochen ganz einfach und auch effektiv.

Richtiges Kochen

Wie schnell Sie Ihr Essen fertig gekocht haben, ist auch abhängig von Ihrer Arbeitsweise. Beginnen Sie mit den Dingen, die dann nicht mehr weiterbearbeitet werden müssen. Zuerst das Wasser für die Nudeln aufstellen, einen Deckel auf den Topf, bis das Wasser kocht, dann die Nudeln zugeben, salzen, umrühren und auf kleiner Hitze gar kochen. Das Gleiche gilt auch für Kartoffeln und Reis. In der Zwischenzeit können Sie dann z. B. das Gemüse putzen und kochen, Fleisch anbraten usw. Je effektiver Sie arbeiten, desto schneller sind Sie fertig und können sich anderen Dingen widmen. Also, zuerst überlegen – dann handeln.

Sie können die einzelnen Gerichte auch gleich in größeren Mengen herstellen und dann einfrieren. Die Arbeit ist fast dieselbe und wenn Sie mal absolut keine Lust aufs Kochen haben, dann schieben Sie die eingefrorene Speise nur noch in die Mikrowelle und fertig ist Ihr Essen. Gerichte, die sich zum Einfrieren eignen, sind bei den Rezepten gesondert gekennzeichnet. Allerdings sind alle Rezepte so geschrieben, dass man für das Kochen nicht viel Zeit braucht. Manchmal dauert das Auftauen der Gerichte genauso lange wie das Kochen.

Wenn Sie nur für eine Person kochen, dann nehmen Sie das Tiefkühlgut aus dem Kühlfach und entnehmen nur die Menge, die Sie auch essen wollen. Den Rest legen Sie wieder in den Tiefkühler zurück. Tiefkühlkost wird vor dem Kochen nicht aufgetaut, sondern gleich in die Pfanne oder den Topf gegeben.

Aufbau der Rezepte

Die Rezepte sind so aufgebaut, dass weitgehendst Produkte verwendet werden, die es in den Einkaufsmärkten als Fertig- oder Halbfertigprodukte zu kaufen gibt.
Ein besonderes Augenmerk habe ich trotz aller Schnelligkeit auf eine gesunde, ausgewogene und vitaminreiche Kost gelegt. Alle Rezepte sind für 2 Personen berechnet.

Eine gute Qualität von Fisch, Fleisch, Gemüse und sonstigen Zutaten ist die Grundvoraussetzung für gutes Gelingen und ein schmackhaftes, gesundes und bekömmliches Essen. Verwenden Sie möglichst frische Kräuter. Auch in der Tiefkühl-Theke finden Sie Kräuter und Kräuter-Mischungen, die ebenfalls zur geschmacklichen Steigerung der Gerichte beitragen.

Die von mir angegebene Gemüsebrühe ist eine Instantbrühe, die ich kurz vor der Verwendung anrühre. Das Zerkleinern mit dem Pürierstab ist sehr effektiv und zeitsparend. Bei Zwiebeln müssen Sie jedoch beachten, dass Sie diese nur in kurzen Intervallen zerkleinern, weil die Zwiebeln sonst bitter werden.

Abkürzungen und Erklärungen

TK = Tiefkühlkost
g = Gramm
1 ml = Milliliter = 1 g
1 EL = 1 Esslöffel = 15 ml = 15 g
1 TL = 1 Teelöffel = 5 ml = 5 g
1 l = ein Liter = 1000 ml = 1 kg = 1000 g
Köcheln = wenn das Wasser im Topf leicht aufwallt
Kühlregal = Produkte, die Sie im frischen Zustand fertig kaufen können.
Schnellkochreis = vorgegarter Reis, der je nach Hersteller nur noch 2 bis 5 Minuten gekocht werden muss.

Zutaten:

350 ml Gemüsebrühe
1 Dose geschälte Tomaten
Salz
Pfeffer
Zucker
1 Packung Brätstrudel (aus dem Kühlregal)

Zubereitung:

1. Die Gemüsebrühe in einem geeigneten Topf erhitzen, die Tomaten dazugeben und aufkochen lassen. Mit dem Pürierstab glatt rühren und mit Salz, Pfeffer und Zucker abschmecken.

2. Die Brätstrudel-Rollen in fingerdicke Streifen schneiden.
Die Suppe in Teller geben und 3 bis 4 Brätstrudelringe dazugeben.

Zeitaufwand: 5 Minuten

Tomatensuppe mit Brätstrudel

Zutaten:

1 Packung gemischte fertige Suppeneinlage (aus dem
Kühlregal, z. B. Grießnockerl, Brätklößchen,
Leberknödel)
1/2 l Gemüsebrühe
1 EL TK-Schnittlauch
Salz
Pfeffer

Zubereitung:

1. Die Gemüsebrühe in einem Topf erhitzen.

2. Die Suppeneinlage in die Brühe geben und ca. 5
Minuten bei geschlossenem Deckel ziehen lassen.

3. Den Schnittlauch dazugeben und mit Salz und
Pfeffer abschmecken.

Zeitaufwand: 5 Minuten

Klare Gemüsebrühe mit
gemischten Klößen

Zutaten:

200 g Karotten
1 Zwiebel
2 geräucherte Mettwürste
2 EL Öl
1/2 l Gemüsebrühe
1 große Dose weiße Bohnen
2 EL TK-Petersilie
Salz
Pfeffer
1 EL Essig

Zubereitung:

1. Die Karotten waschen, schälen und mit einem Küchenhobel in Stifte schneiden. Die Zwiebel schälen, vierteln, in den Zerkleinerungsaufsatz des Pürierstabs geben und grob zerhacken. Die Mettwurst in 1 cm dicke Scheiben schneiden. Die weißen Bohnen in ein Sieb abschütten und mit Wasser abbrausen.

2. Das Öl in einem Topf erhitzen und die Zwiebeln darin anbraten. Die Karotten einrühren und mitbraten. Mit der Gemüsebrühe aufgießen und ca. 5 Minuten kochen lassen. Die Bohnen und die Petersilie dazugeben und das Ganze mit Salz, Pfeffer und Essig abschmecken.

Zeitaufwand: 10 Minuten

Zum Einfrieren geeignet.

Bohnensuppe mit Mettwurst

Zutaten:

3 Scheiben Gelbwurst
3 Scheiben Salami
3 Scheiben Schinken
3 Scheiben Emmentaler
1 kleine Zwiebel
1 EL schwarze Oliven ohne Stein
1 kleine Tomate
1 EL Kräuteressig
2 EL Öl
Salz
Pfeffer
1/2 TL mittelscharfer Senf
1 TL gehackte TK-Petersilie

Zubereitung:

1. Die Gelbwurst-, Schinken-, Salami- und Emmentaler-
scheiben in feine Streifen schneiden. Die Zwiebel schälen,
vierteln, in den Zerkleinerungsaufsatz des Pürierstabs geben
und grob zerhacken. Die Oliven in Ringe schneiden. Die
Tomate waschen, den grünen Stielansatz entfernen und die
Tomate achteln.

2. In einer Tasse oder in einem Schüttelbecher eine
Marinade aus Essig, Öl, Salz, Pfeffer und Senf zubereiten.
Die gehackte Petersilie unterheben. Die Marinade über den
Salat gießen und gut vermischen.
Dazu schmeckt herzhaftes Bauernbrot mit Butter.

Zeitaufwand: 7 Minuten

Zutaten:

1 Schalotte
2 Fenchel
2 EL Olivenöl
1 EL brauner Zucker
Salz
Pfeffer
150 g aufgeschnittenes gebratenes Hähnchenfilet
(aus dem Kühlregal)
1 EL guter Balsamico-Essig

Zubereitung:

1. Das Hähnchenfilet frühzeitig aus dem Kühlschrank nehmen, damit sich der Geschmack entfalten kann.

2. Die Schalotte schälen, vierteln, in den Zerkleinerungsaufsatz des Pürierstabs geben und zerhacken. Vom Fenchel den Strunk abschneiden, die äußeren Blätter entfernen und den Fenchel vierteln.

3. Öl in einer Pfanne erhitzen und die Schalotte darin andünsten. Den braunen Zucker unterrühren und schmelzen lassen. Den Fenchel dazugeben und ca. 5 Minuten braten, bis er gar ist; er sollte noch Biss haben. Mit Salz und Pfeffer würzen.

4. Den Fenchel aus der Pfanne nehmen und mit dem Hähnchenfilet auf Tellern anrichten. Den Balsamico-Essig über das Hähnchenfilet träufeln.

Zeitaufwand: 8 Minuten

Gebratener Fenchel mit Hähnchenfilet

Zutaten:

1 Frisée-Salat
1 Zwiebel
1 Putenschnitzel
1 EL Bratfett
2 Tomaten
2 EL in Scheiben geschnittene Oliven aus dem Glas
100 g Feta-Käse
2 EL Essig
2 EL Öl
1 EL Zucker
1 EL italienische TK-Kräuter
Salz , Pfeffer
2 Knoblauch-Baguettes (aus dem Kühlregal)

Zubereitung:

1. Den Backofen auf 180° C vorheizen und die Baguettes in den Ofen geben.

2. Den Salat putzen, waschen und in mundgerechte Stücke teilen. Dann in einen Durchschlag geben und abtropfen lassen.

3. Das Putenschnitzel in Streifen schneiden und mit Salz und Pfeffer würzen.

4. Bratfett in einer Pfanne erhitzen, die Putenstreifen darin anbraten und mehrmals wenden, bis sie braun sind. Dann die Pfanne vom Herd nehmen.

5. Die Zwiebel schälen und in Ringe schneiden. Die Tomaten waschen und in mundgerechte Stücke schneiden. Den Feta-Käse würfeln.

6. Aus Essig, Öl, Zucker, Salz, Pfeffer und den Kräutern eine Salatsauce anrühren. Den Salat mit den anderen Zutaten auf Tellern anrichten, die Sauce darüber träufeln und dazu die warmen Baguettes servieren.

Zeitaufwand: 12 Minuten

Sommer-Salat mit Putenstreifen

Zutaten:

4 Zucchini
4 Tomaten
4 Knoblauchzehen
1/2 Bund Basilikum
2 Pack. Mozzarella
Salz
Pfeffer

Zubereitung:

1. *Den Backofen auf 200° C vorheizen.*

2. *Die Zucchini waschen, längs halbieren und die Kerne mit einem kleinen Löffel entfernen. Den Knoblauch schälen, das Basilikum abbrausen und die Blätter in kleine Stücke zupfen.*
Die Tomaten waschen, würfeln oder in Scheiben schneiden. Den Mozzarella in Würfel oder in Scheiben schneiden.

3. *Die Zucchini in eine Auflaufform geben, mit Salz und Pfeffer würzen und die Tomaten und das Basilikum darüber geben. Die Knoblauchzehen durch die Presse drücken und über die Zucchini verteilen. Zum Abschluss den Mozzarella-Käse auf die Zucchini geben und das Ganze im Backofen ca. 12 Minuten überbacken.*

Zeitaufwand: 15 Minuten

Zutaten:

200 g TK-Schwarzwurzeln
1 El Butter
200 g süße Sahne
1 EL TK-Petersilie
1 Packung marinierte Hähnchenbrust (aus dem Kühlregal)
Salz
Pfeffer

Zubereitung:

1. Butter in einem Topf erhitzen und die Schwarzwurzeln darin andünsten. Mit der Sahne aufgießen und leicht köcheln lassen, bis das Gemüse gar ist. Mit Salz und Pfeffer abschmecken. Zum Schluss die Petersilie unterrühren.

2. Die Hähnchenbrust auf Tellern verteilen und das Gemüse dazugeben.
Je nach Geschmack mit einem Teelöffel Meerrettich servieren.

Zeitaufwand: 8 Minuten

Marinierte Hähnchenbrust mit Schwarzwurzelgemüse

Zutaten:

1 Packung Teigtaschen, mit Kalbfleisch gefüllt (aus dem Kühlregal)
1 1/2 l Wasser
100 g Pfifferlinge
1/2 Bund Frühlingszwiebeln
2 EL gehackte TK-Petersilie
1 Becher süße Sahne
1 TL heller Saucenbinder
Salz
Zucker
Pfeffer

Zubereitung:

1. Das Wasser zum Kochen bringen, die Kalbfleischtaschen einlegen und ca. 12 Minuten köcheln lassen.

2. Das Ende der Frühlingszwiebeln abschneiden, die äußeren Blätter abziehen und die Frühlingszwiebeln in 1 cm große Stücke schneiden. Die Pfifferlinge abbrausen und in einem Küchensieb abtropfen lassen.

3. Butter in einer Pfanne erhitzen, die Pfifferlinge anbraten, die Frühlingszwiebeln und die Petersilie dazugeben und mit der Sahne aufgießen. Den Saucenbinder einrühren und aufkochen lassen. Mit Salz, einer Prise Zucker und Pfeffer abschmecken.

4. Die Teigtaschen auf 2 Tellern anrichten und die Pilzsauce darüber geben.

Zeitaufwand: 15 Minuten

Teigtaschen mit Pilzsauce

Zutaten:

4 fertige Schaschlik-Spieße
1 Chilischote
2 Knoblauchzehen
1 kleines Glas eingelegte Paprika
1 Zwiebel
1 Stängel Rosmarin
2 EL Olivenöl
50 ml Gemüsebrühe
1 EL TK-Petersilie
Salz
Pfeffer
Zucker

Zubereitung:

1. Bratfett in einer Pfanne erhitzen und die gewürzten Spieße von allen Seiten darin braten.

2. Die Chilischote der Länge nach halbieren und die Kerne entfernen. Die Zwiebel und den Knoblauch schälen und alles im Zerkleinerungsaufsatz des Pürierstabs grob hacken. Die Paprika in ein Sieb schütten und abtropfen lassen. Den Rosmarin abbrausen, trockenschütteln und die Nadeln abzupfen.

3. Das Öl in einem Topf erhitzen und die vorbereiteten Zutaten wie Zwiebeln, Knoblauch, Chili, eingelegte Paprika und Rosmarin hineingeben und anbraten. Mit der Brühe aufgießen, die Temperatur reduzieren und das Ganze ca. 5 Minuten köcheln lassen. Anschließend das Gemüse mit dem Pürierstab zu einer feinen Sauce pürieren. Die Petersilie einrühren und mit Salz, Pfeffer und Zucker abschmecken. Die Sauce auf Tellern verteilen und die Spieße darauf geben.

Zeitaufwand: 15 Minuten

Schaschlik-Spieße mit Paprikasauce

Zutaten:

200 g Putengeschnetzeltes
1 Beutel Reis (Schnellkochreis)
1/2 Bund Frühlingszwiebeln
1 kleines Glas Schattenmorellen
1 kleine Dose Mandarinen
1 kleine Dose Birnen
1 EL Bratfett
50 ml Gemüsebrühe
1/2 Becher Crème fraîche
Salz
Pfeffer
2 EL Curry

Zubereitung:

1. Bratfett in einem Topf erhitzen und das Putengeschnetzelte von allen Seiten anbraten.

2. Den Reis nach Packungsanweisung kochen.

3. Die Frühlingszwiebeln putzen und in 1 cm dicke Stücke schneiden. Die Früchte abgießen und die Birnen in Spalten schneiden.

4. Die Gemüsebrühe zum Fleisch geben und die Crème fraîche unterrühren. Die Früchte und die Frühlingszwiebeln vorsichtig unterheben und mit Salz, Pfeffer und Curry abschmecken.

5. Mit dem Reis auf Tellern anrichten.

Zeitaufwand: 10 Minuten

Zum Einfrieren geeignet.

Putengeschnetzeltes in Curry-Frucht-Sauce

Zutaten:

2 Beutel Reis (Schnellkochreis)
1 Packung TK-Bauerngemüse
1 EL Olivenöl
100 g gewürfelter Speck (gibt es fertig geschnitten
an der Fleischtheke)
1 Zwiebel
50 ml Gemüsebrühe
Salz
Pfeffer
Muskat
1 Stück Parmesan-Käse

Zubereitung:

1. Den Reis nach Packungsanweisung kochen.

2. Die Zwiebel schälen, vierteln, in den
Zerkleinerungsaufsatz des Pürierstabs geben und zerhacken.

3. Das Olivenöl in einem Topf erhitzen und die
Speckwürfel darin anbraten. Danach die zerkleinerte
Zwiebel unterrühren und kurz andünsten. Das tiefge-
frorene Gemüse dazugeben, mit der Gemüsebrühe
ablöschen und zugedeckt ca. 5 Minuten dünsten lassen. Mit Salz, Pfeffer und Muskat herzhaft würzen.

4. Den gekochten Reis in eine Schüssel geben, mit
dem Gemüse vermischen und zum Schluss den
Parmesan darüber hobeln.

Zeitaufwand: 10 Minuten

Zum Einfrieren geeignet.

Gemüsereis

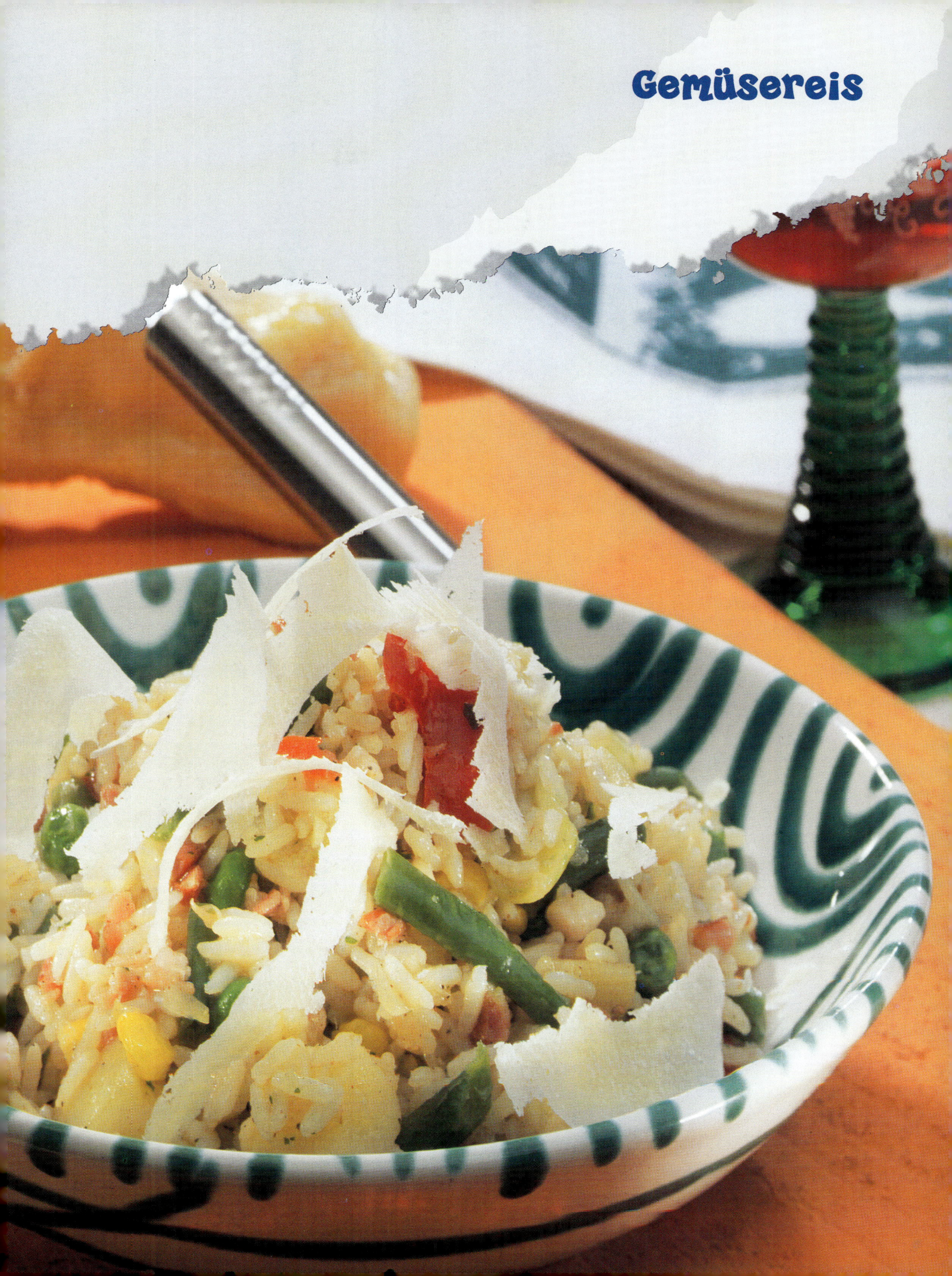

Zutaten:

1 Beutel Kartoffelpüree
1 kleiner Endiviensalat
1 Zwiebel
75 g gewürfelter Speck (gibt es fertig geschnitten an der Fleischtheke)
5 EL Olivenöl
6 EL Balsamico-Essig
Salz
Pfeffer
Zucker

Zubereitung:

1. Das Kartoffelpüree nach Packungsanleitung zubereiten.

2. Den Endiviensalat putzen, waschen und in Streifen schneiden. Die Zwiebel schälen, vierteln, in den Zerkleinerungsaufsatz des Pürierstabs geben und zerhacken.

3. Das Olivenöl für die Marinade in einer Pfanne erhitzen und die Speckwürfel und die Zwiebel darin anbräunen. Vom Herd nehmen, den Balsamico-Essig darunter mischen und mit Salz, Pfeffer und Zucker würzen; die Sauce soll leicht süßlich schmecken.

4. Den Salat mit der Marinade vermischen und mit dem Kartoffelpüree sofort servieren.

Dieses Gericht schmeckt am besten, wenn Sie den Salat mit dem Kartoffelpüree auf dem Teller vermischen.

Zeitaufwand: 10 Minuten

Zutaten:

6 gekochte Kartoffeln (vom Vortag oder vorgegarte
Kartoffeln aus dem Glas)
1 Zwiebel
2 Knoblauchzehen
1 Zweig Rosmarin
3 EL Olivenöl
1 kleines Glas getrocknete, in Öl eingelegte Tomaten
2 EL Tomatenmark
150 ml Gemüsebrühe
1 EL Majoran
2 EL TK-Petersilie
Salz, Pfeffer
150 g Rauchfleisch (von der Frischwursttheke, etwas
dicker schneiden lassen)

Zubereitung:

1. Die gekochten Kartoffeln in Scheiben schneiden.

2. Die Zwiebel und den Knoblauch schälen. Den
Rosmarin abbrausen, trockenschütteln und die
Nadeln abzupfen. Die Zwiebel vierteln und mit dem
Knoblauch und dem Rosmarin in den Zerkleinerungs-
aufsatz des Pürierstabs geben und grob hacken.

3. Das Öl in einer Pfanne erhitzen. Zwiebel,
Knoblauch, Rosmarin und die Kartoffelscheiben in
die Pfanne geben und ca. 5 Minuten schmoren.

4. Die Tomaten, das Tomatenmark, die Gemüsebrühe
und den Majoran hinzufügen und das Ganze unter
Rühren ca. 2 Minuten schmoren lassen. Mit Salz und
Pfeffer würzen und die Petersilie einrühren.

5. Die Rauchfleischscheiben mit den Kartoffeln auf
Tellern anrichten.

Zeitaufwand: 10 Minuten

Rauchfleisch mit Tomaten-Kartoffeln

Zutaten:

2 Schweinesteaks
1 EL Öl
1 EL TK-Kräuter der Provence
1 Prise Salz
1 TL Pfeffer
1 EL Bratfett
1 Packung TK-Farmergemüse
3 EL Wasser
Salz
Pfeffer

Zubereitung:

1. Öl, Salz, Pfeffer und die Kräuter vermischen und die Steaks damit einpinseln.

2. Bratfett in einer Pfanne erhitzen und die Steaks darin ca. 3 Minuten von beiden Seiten braten.

3. Einen Topf erhitzen, das Farmergemüse hineingeben, mit dem Wasser angießen und bei geschlossenem Deckel und reduzierter Hitze ca. 5 Minuten dünsten.

4. Das Gemüse mit Salz und Pfeffer abschmecken und mit den Steaks auf Tellern servieren.

Zeitaufwand: 8 Minuten

Kräuter-Schweinesteaks mit Farmergemüse

Zutaten:

1 Packung Curry-Reiskugeln (Fertigprodukt)
5 Knoblauchzehen
1 Zweig Rosmarin
2 Lammsteaks frisch oder TK
1 EL Bratfett
2 EL Butter
1 EL Mehl
150 ml Gemüsebrühe
2 EL TK-Schnittlauch
Salz
Pfeffer

Zubereitung:

1. Den Reis nach Packungsanweisung zubereiten.

2. Die Knoblauchzehen schälen, in den Zerkleinerungsaufsatz des Pürierstabs geben und grob hacken. Die Rosmarinnadeln vom Stiel zupfen. Die Lammsteaks auf beiden Seiten mit Salz und Pfeffer würzen.

3. Bratfett in einer Pfanne erhitzen und die Steaks von beiden Seiten ca. 3 Minuten braten.

4. Die Butter in einem Topf erhitzen und den Knoblauch und den Rosmarin darin andünsten. Das Mehl darüber streuen, anschwitzen lassen, mit der Brühe aufgießen und mit einem Schneebesen gut verrühren, damit keine Klumpen entstehen. Den Schnittlauch einrühren und die Sauce mit Salz und Pfeffer abschmecken.

Zeitaufwand: 10 Minuten

Lammsteaks mit Knoblauchsauce

Zutaten:

1 kleine Zwiebel
70 g gewürfelten Speck
(gibt es fertig geschnitten an der Fleischtheke)
1 Packung TK-Bohnen
50 ml Wasser
500 g TK-Gyros
Salz
Pfeffer

Zubereitung:

1. Die Zwiebel schälen, vierteln, in den Zerkleinerungsaufsatz des Pürierstabs geben und zerhacken.

2. Einen Topf erhitzen und die Speckwürfel und die
Zwiebel darin anbraten. Die Bohnen dazugeben, mit
Wasser aufgießen und bei reduzierter Temperatur ca.
5 Minuten garen. Mit Salz und Pfeffer abschmecken.

3. Eine Pfanne erhitzen, das Gyros hineingeben und
unter Wenden ca. 8 Minuten braten, eventuell etwas
Wasser dazugeben.

Zeitaufwand: 10 Minuten

Zutaten:

2 Cordon bleu (aus dem Kühlregal)
2 EL Bratfett
1 Beutel Reis (Schnellkochreis)
1 Packung gemischtes TK-Gemüse
(z. B. TK-Leipziger Allerlei)
1 EL Butter
Salz
Pfeffer
2 EL Bratfett

Zubereitung:

1. Bratfett in eine Pfanne geben und die Cordon bleu darin von beiden Seiten ca. 5 Minuten bei mittlerer Hitze braten.

2. Den Reis nach Packungsanweisung kochen.

3. Butter in einem Topf erhitzen, das Gemüse hineingeben und bei geschlossenem Deckel garen, eventuell etwas Flüssigkeit dazugeben.

4. Den fertig gegarten Reis mit dem Gemüse vermischen und mit Salz und Pfeffer abschmecken.

Zeitaufwand: 10 Minuten

Zutaten:

4 kleine Zucchini
2 Knoblauchzehen
2 Schweinerückensteaks
1 EL Bratfett
1 EL Butter
2 EL TK-Kräuter der Provence
Salz
Pfeffer

Zubereitung:

1. Die Zucchini mit einem Gemüsehobel in Scheiben schneiden. Den Knoblauch schälen, in den Zerkleinerungsaufsatz des Pürierstabs geben und zerhacken. Die Steaks mit Salz und Pfeffer würzen.

2. Das Bratfett in einer Pfanne erhitzen und die Steaks von beiden Seiten ca. 3 Minuten braten.

3. Gleichzeitig Butter in einem Topf erhitzen und den Knoblauch darin andünsten. Die Zucchini dazugeben und ca. 3 Minuten garen, gelegentlich umrühren. Die Kräuter darüber streuen und mit Salz und Pfeffer abschmecken.

Zeitaufwand: 10 Minuten

Schweinerückensteaks mit Zucchini

Zutaten:

2 Bratwurstschnecken (aus dem Kühlregal)
1 Packung fertiger TK-Rotkohl
1 Beutel Kartoffelpüree mit Gemüse (Fertigprodukt)
1 EL Bratfett

Zubereitung:

1. Den Rotkohl und das Kartoffelpüree nach Packungsanweisung zubereiten.

2. Bratfett in einer Pfanne erhitzen und die Bratwurst von beiden Seiten ca. 3 Minuten braten.

Zeitaufwand: 8 Minuten

Bratwurstschnecken mit Rotkohl

Zutaten:

Böhmische Knödel (Fertigprodukt aus dem Kühlregal)
400 g Leber
1 kleine Zwiebel
1 EL Mehl
1 EL Butter
1 EL Majoran (getrocknet)
250 ml Gemüsebrühe
1 EL Essig
Salz
Pfeffer

Zubereitung:

1. Die Knödel nach Packungsanweisung erhitzen.

2. Die Zwiebel schälen, in den Zerkleinerungsaufsatz des Pürierstabs geben und hacken.

3. Die Leber in mundgerechte Stücke schneiden.

4. Butter in einem Topf schmelzen und die Zwiebeln darin anrösten. Die Leber dazugeben und anbraten. Mit Mehl bestäuben und anschwitzen, dann mit der Gemüsebrühe ablöschen, die Leber sollte nun noch ca. 8 Minuten köcheln. Den Majoran unterrühren und das Ganze mit Essig, Salz und Pfeffer abschmecken.

Zeitaufwand: 12 Minuten

Zum Einfrieren geeignet.

Lebergeschnetzeltes mit Böhmischen Knödeln

Zutaten:

1 Packung TK-Fischstäbchen
2 Zucchini
2 Knoblauchzehen
2 Tomaten
2 EL Olivenöl
1 EL Butter
Salz
Pfeffer
2 EL TK-Kräutermix

Zubereitung:

1. Die Zucchini waschen und mit einem Gemüse-hobel in Streifen schneiden. Den Knoblauch schälen, in den Zerkleinerungsaufsatz des Pürierstabs geben und hacken. Die Tomaten in Stücke schneiden.

2. In einer Pfanne Öl erhitzen und die Fischstäbchen darin auf beiden Seiten ca. 2 Minuten goldbraun anbraten.

3. Butter in einem Topf erhitzen. Den Knoblauch anbraten, die Zucchini und die Tomaten dazugeben und unter Umrühren ca. 3 Minuten dünsten. Die Kräuter untermischen und mit Salz und Pfeffer abschmecken.
Die Fischstäbchen mit dem Zucchinigemüse auf Tellern anrichten.

Zeitaufwand: 10 Minuten

Fischstäbchen mit Zucchinigemüse

Zutaten:

ca. 10 TK-Herzoginkartoffeln (gespritzter Kartoffelbrei)
1 Packung TK-Blattspinat
2 Knoblauchzehen
Muskat
Salz
Pfeffer
1 EL Butter
2 marinierte TK-Lachsfilet

Zubereitung:

1. Den Backofen auf 180° C vorheizen und die Kartoffeln darin ca. 10 Minuten backen.

2. Den Blattspinat mit 2 EL Wasser in einen Topf geben und bei geschlossenem Deckel garen.

3. Den Knoblauch schälen, in den Zerkleinerungsaufsatz des Pürierstabs geben, zerhacken und zum Spinat geben. Mit Muskat, Salz und Pfeffer abschmecken.

4. Butter in einer Pfanne schmelzen, die Butter sollte nicht zu heiß werden. Den Lachs darin ca. 5 Minuten von beiden Seiten braten.

Zeitaufwand: 10 Minuten

Lachsfilets auf Blattspinat

Zutaten:

250 g TK-Scampi
250 g TK-Spargel
1 Tomate
2 EL Kräuteressig
3 EL Sonnenblumenöl
1 EL TK-Kräuter der Provence
2 EL Olivenöl
1 EL Butter
Zucker
Salz, Pfeffer

Zubereitung:

1. Wasser zum Kochen bringen, Salz, Zucker und Butter mit dem Spargel in das Wasser geben und ca. 8 Minuten köcheln lassen.

2. Olivenöl in einer Pfanne erhitzen und die Scampi drin braten. Die Scampi sind gar, wenn sie schön rot sind.

3. Die Tomate in kleine Stücke schneiden und mit dem Essig, Öl, Salz, Pfeffer und den Kräutern eine Vinaigrette herstellen.

4. Die Scampi und den Spargel auf einer Platte anrichten die Vinaigrette über den Spargel geben.

Zeitaufwand: 10 Minuten

Scampi mit Spargel

Zutaten:

4 Kartoffeln
2 EL Öl
Salz
Pfeffer
1 TL getrockneter Rosmarin
200 g Heringsfilets oder Matjesfilets
(aus der Kühltheke)
2 gekochte Rote Bete (aus der Kühltheke)
1 Zwiebel
4 Essiggurken
250 g Majonäse

Zubereitung:

1. Den Backofen auf 220° C vorheizen. Die
Kartoffeln waschen, vierteln und auf ein mit
Backpapier belegtes Backblech legen. Öl, Salz, Pfeffer
und Rosmarin in einer Tasse gut verrühren, die
Kartoffelviertel damit einpinseln und 10 Minuten auf
der mittleren Schiene backen.

2. Die Heringsfilets in mundgerechte Stücke schnei-
den. Die Rote Bete und die Essiggurken würfeln. Die
Zwiebel schälen, in den Zerkleinerungsaufsatz des
Pürierstabs geben und hacken. Die vorbereiteten
Zutaten in eine Schüssel geben und mit der Majonäse
vermischen. Mit Salz und Pfeffer abschmecken.

Zeitaufwand: 12 Minuten

Zutaten:

1 Packung Lachstaschen (Fertigprodukt aus dem Kühlregal)
1 EL Butter
1 EL Mehl
150 ml Milch
200 ml Gemüsebrühe
2 EL Zitronensaft (frisch oder aus der Flasche)
Salz
Pfeffer

Zubereitung:

1. Wasser zum Kochen bringen und die Lachstaschen nach Anweisung ca. 10 Minuten garen.

2. Die Butter in einem Topf schmelzen, das Mehl einrühren, mit der Milch aufgießen und mit einem Schneebesen glatt rühren. Die Gemüsebrühe angießen und mit Zitronensaft, Salz und Pfeffer würzen.

3. Die fertig gegarten Lachstaschen in die Sauce geben und servieren.

Zeitaufwand: 12 Minuten

Zum Einfrieren geeignet.

Lachstaschen in Zitronensauce

Zutaten:

3 Knoblauchzehen
1 EL Butter
200 g süße Sahne
100 g Gorgonzola
Salz
Pfeffer
1 Packung frische Bandnudeln (aus dem Kühlregal)

Zubereitung:

1. Die Knoblauchzehen schälen, in den Zerkleinerungsaufsatz des Pürierstabs geben und zerhacken.

2. Die Butter in einem Topf schmelzen und den Knoblauch darin andünsten. Mit der Sahne aufgießen und den Gorgonzola hineinbröseln. Mit einem Schneebesen so lange rühren, bis der Käse geschmolzen ist. Mit Salz und Pfeffer würzen.

3. In der Zwischenzeit die Nudeln nach Anweisung ca. 2 Minuten garen, abschütten und mit der Sauce vermischen.

Zeitaufwand: 5 Minuten

Zum Einfrieren geeignet.

Bandnudeln mit Gorgonzola-Rahm-Sauce

Zutaten:

1 kleine Zwiebel
2 EL Öl
75 g gewürfelten Speck (gibt es fertig geschnitten an der Fleischtheke)
1 Packung Schupfnudeln (aus dem Kühlregal)
1 kleine Dose Sauerkraut
Salz
Pfeffer

Zubereitung:

1. Die Zwiebel schälen, vierteln, in den Zerkleinerungsaufsatz des Pürierstabs geben und zerhacken.

2. In einer Pfanne das Öl erhitzen und die Speckwürfel und die Zwiebel darin anbraten. Die Schupfnudeln und das Sauerkraut dazugeben und unter mehrmaligem Wenden braten.
Mit Salz und Pfeffer abschmecken.

Zeitaufwand: 8 Minuten

Schupfnudeln mit Sauerkraut

Zutaten:

1 Packung frische Spätzle (aus dem Kühlregal)
1 EL Butter
150 g geriebener Emmentaler (aus dem Kühlregal)
Pfeffer
50 g Röstzwiebeln (Fertigprodukt)

Zubereitung:

1. Butter in einer großen Pfanne schmelzen, die Spätzle darin erwärmen, den Käse darüber streuen und die Spätzle so lange wenden, bis der Käse geschmolzen ist.

2. Auf Tellern anrichten, den Pfeffer mit einer Pfeffermühle darüber mahlen und das Ganze mit den Röstzwiebeln bestreuen.

Zeitaufwand: 5 Minuten

Käsespätzle mit Röstzwiebeln

Zutaten:

1 EL Butter
1 EL Mehl
100 ml Milch
50 ml süße Sahne
150 ml Gemüsebrühe
2 EL TK-Dill
Salz
Pfeffer
1 Packung Räucherlachs (aus dem Kühlregal)
1 Packung frische Tagliatelle (aus dem Kühlregal)

Zubereitung:

1. Butter in einem Topf schmelzen, Mehl darüber stäuben und unter Rühren die Milch dazugießen. Die Sahne und die Gemüsebrühe unterrühren, den Dill einstreuen und mit Salz und Pfeffer abschmecken.

2. Den Räucherlachs in kleine Stücke zerteilen und in die Sauce geben.

3. Die Nudeln ca. 2 Minuten kochen, abschütten und mit der Lachssauce servieren.

Zeitaufwand: 8 Minuten

Lachs!

Tagliatelle mit Lachs-Dill-Sauce

Zutaten:

4 Knoblauchzehen
1 Packung Pinienkerne
50 ml Olivenöl
1 Packung frische Nudeln (aus dem Kühlregal)
2 EL geschnittene Oliven aus dem Glas
1 Stück Parmesan

Zubereitung:

1. Den Knoblauch schälen und mit den Pinienkernen und dem Olivenöl in den Zerkleinerungsaufsatz des Pürierstabs geben und zerhacken, bis eine Paste entsteht.

2. Die Nudeln ca. 2 Minuten kochen, abschütten und mit dem Pesto vermischen.
Auf Tellern anrichten und die Oliven und den geriebenen Parmesankäse darüber geben.

Zeitaufwand: 5 Minuten

Nudeln mit Nuss-Pesto

Zutaten:

1 Bund Salbei
1/2 Bund Lauchzwiebeln
4 Tomaten
3 EL Butter
400 g frische Gnocchi (aus dem Kühlregal)
1 EL Tomatenmark
50 ml Wasser
Salz
Pfeffer

Zubereitung:

1. Den Salbei abbrausen, trockenschütteln und die Blätter abzupfen. Die Lauchzwiebeln putzen und in 1 cm dicke Stücke schneiden. Die Tomaten in Stücke schneiden.

2. Butter in einer Pfanne erhitzen, die Salbeiblätter kurz anbraten, aus der Pfanne nehmen und beiseite stellen. Die Gnocchi, die Lauchzwiebeln und die Tomatenstücke in die Pfanne geben und braten. Das Tomatenmark und das Wasser einrühren und das Ganze mit Salz und Pfeffer abschmecken.

3. Auf einer Platte anrichten und mit den Salbeiblättern bestreuen.

Zeitaufwand: 10 Minuten

Gnocchi mit Tomaten und Salbei

Zutaten:

250 g frische Tortelloni (mit Käse gefüllte
Nudeltaschen) (aus dem Kühlregal)
1 EL Butter
4 EL frischer, eingelegten Pfeffer aus dem Glas
150 ml Weißwein
1 Becher Crème fraîche
1 TL Saucenbinder
Salz
1 EL Cognac

Zubereitung:

1. Die Tortelloni in kochendes Salzwasser geben und
bei schwacher Hitze ca. 4 Minuten ziehen lassen,
dann abschütten.

2. Butter in einem Topf schmelzen und die
Pfefferkörner darin andünsten. Mit Weißwein ablö-
schen, die Crème fraîche und den Saucenbinder ein-
rühren. Mit Salz und Cognac abschmecken.
Die Tortelloni auf die Teller geben und die
Pfeffersauce darüber gießen.

Zeitaufwand: 8 Minuten

Zum Einfrieren geeignet.

Zutaten:

1 Packung frische Fagottini (mit Basilikum und Ricotta-Käse gefüllte Nudeltaschen) (aus dem Kühlregal)
1 Bund Basilikum
1 EL Butter
1 EL Mehl
150 ml Gemüsebrühe
200 g süße Sahne
Salz
Pfeffer

Zubereitung:

1. *Die Fagottini in kochendes Salzwasser geben und bei schwacher Hitze ca. 4 Minuten ziehen lassen, dann abschütten.*

2. *Das Basilikum abbrausen, trockenschütteln, die Blätter von den Stielen zupfen und grob schneiden.*

3. *Butter in einem Topf schmelzen, das Mehl einrühren, mit der Gemüsebrühe aufgießen und unter rühren einmal aufkochen lassen. Die Sahne und das Basilikum unterrühren, mit Salz und Pfeffer abschmecken.*

4. *Die Fagottini in eine Schüssel geben und mit der Sauce vermischen.*

Zeitaufwand: 8 Minuten

Zum Einfrieren geeignet.

Fagottini in Basilikum-Sauce

Zutaten:

1 Beutel Milchreis
1 TL Speisestärke
100 ml Fruchtsaft
2 EL brauner Zucker
1/2 Packung gemischte TK-Waldfrüchte
2 EL Obstbrand

Zubereitung:

1. Den Milchreis nach Packungsanweisung kochen.

2. Die Speisestärke in einem Becher mit etwas Fruchtsaft auflösen. In einer beschichteten Pfanne den Zucker karamellisieren lassen, den restlichen Fruchtsaft und die aufgelöste Speisestärke unterrühren und einmal aufkochen lassen. Die Früchte und den Obstbrand dazugeben.

3. Den Milchreis auf Tellern anrichten und die Fruchtsauce darüber geben.

Zeitaufwand: 15 Minuten

Sachregister

Rezeptregister

84

© Paramount Publishing
Germany 2001

Genehmigte Lizenzausgabe
EDITION XXL GmbH
Reichelsheim 2002

Redaktion und Fotos: Food in Wort und Bild, Sigmarszell
Gestaltung und Satz: Mathias Weil
Titelillustration: Eckhard Freytag

ISBN 3-89736-116-7